AF555487

LE SUFFRAGE UNIVERSEL

LETTRE

À

L'ASSEMBLÉE NATIONALE

CLICHY

IMPRIMERIE ADMINISTRATIVE ET DES CHEMINS DE FER

DE PAUL DUPONT

12, RUE DU BAC-D'ASNIÈRES, 12

1874

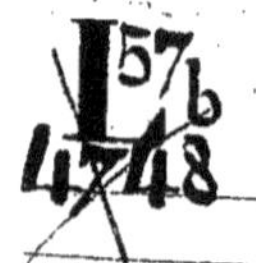

LE SUFFRAGE UNIVERSEL

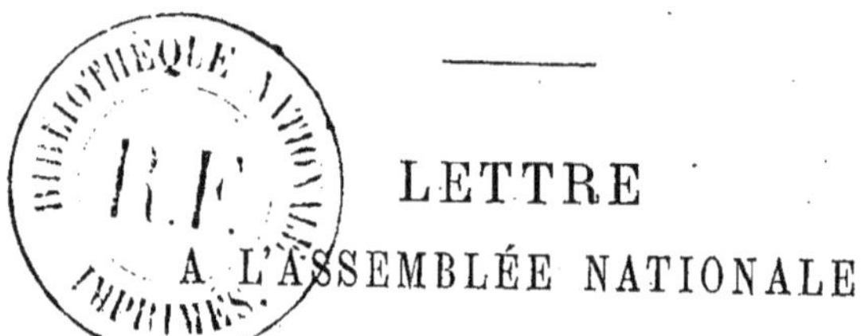

LETTRE

A L'ASSEMBLÉE NATIONALE

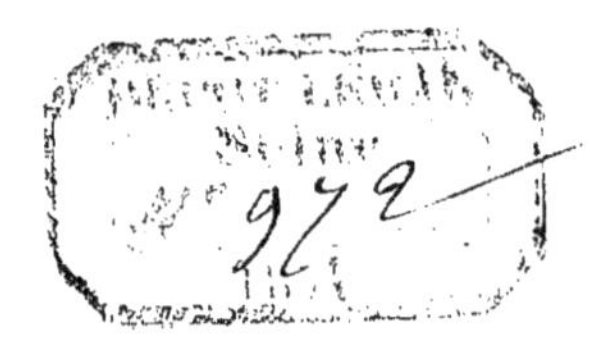

CAVEANT CONSULES!!!

MESSIEURS LES DÉPUTÉS,

Si l'on n'y prend garde, le suffrage universel, tel qu'il se pratique aujourd'hui, deviendra pour la France un instrument d'abaissement et de ruine.

Qu'est-il en effet, sinon l'expression absolue, nous allions dire *l'expression brutale du nombre*, sans aucune autre considération particulière?

On veut l'égalité devant la loi électorale; on confère à tous les citoyens indistinctement *les mêmes droits*, sous le fallacieux prétexte qu'ils sont tous enfants de *la même patrie*.

Mais, dans un atelier, admet-on au *même salaire* les plus maladroits et les plus habiles, sous prétexte qu'ils appartiennent au *même atelier?* On s'en garderait bien, et pour cause.

Seulement, quand il s'agit d'élections, il est permis, à ce qu'il paraît, d'avoir moins de sagesse; et, par la magnifique raison sans doute qu'ils sont *du même pays*, on admet *au même suffrage* le plus sobre et le plus intempérant, le plus intelligent et le plus obtus, le citoyen le plus hautement honorable et celui qui côtoie bassement le déshonneur, le grand talent et l'extrême nullité, M. Thiers et le dernier aide de ses cuisines. Quelle inconséquence! Quel pêle-mêle!

En arithmétique, considère-t-on comme ayant la *même valeur* trois unités simples qui sont placées, côte à côte, sur la *même ligne?* et la *situation respective* de ces unités ne leur donne-t-elle pas au contraire *une valeur différente?*

De même, en industrie, peut-on s'imaginer à juste titre que le patron et l'ouvrier s'équivalent? Examinons.

Si le patron vient à faillir, tout croule avec lui, et les individualités diverses que son intelligence et ses capitaux faisaient vivre par le travail, sont réduites au plus complet désarroi, peut-être même à la misère.

Si au contraire un certain nombre d'ouvriers viennent à manquer, l'usine fonctionne néanmoins et prospère encore.

Donc le chef d'industrie ou de commerce équivaut non-seulement à n'importe lequel de ses subordonnés ou de ses commis, mais de plus il représente à *lui seul* autant qu'*eux tous ensemble*.

Pour ces raisons, qu'on pourrait facilement multiplier, et aussi à cause des considérations qui vont suivre, nous tirons cette conclusion: *Nécessité impérieuse de réformer la loi électorale actuelle*, qui décrète à tort le nivellement absolu des citoyens.

Nous en convenons, une loi électorale attribuant à certains électeurs un plus grand nombre de voix qu'à certains autres, semble, à première vue, constituer un privilége et blesser l'égalité; mais en réalité il n'y a là qu'*une apparence*, car ce serait au contraire une flagrante injustice que d'établir *sur le même pied* des citoyens *qui ne sont pas égaux,* qui diffèrent essentiellement par plusieurs causes, et notamment par *l'importance plus ou moins grande des charges* supportées au profit de l'État, du département et de la commune.

Le droit à l'élection, pour être équitable, doit donc être *proportionnel.*

Du reste cette apparente inégalité est entrée depuis longtemps dans nos mœurs, et consacrée par la coutume universelle des sociétés industrielles, commerciales et financières.

Au Comptoir d'Escompte, par exemple, un actionnaire n'est pas, dans les assemblées, l'égal de chacun des autres actionnaires. Mais selon qu'il possède 10, 20, 30 ou 40 actions, il a droit à 1, 2, 3 ou 4 voix.

Il en est ainsi dans toutes nos Compagnies de chemin de fer, et dans toutes les Sociétés financières fondées par actions.

Et cette inégalité dans le suffrage est tellement naturelle, que la Société d'un journal démocratique, la Société du journal le *Siècle*, l'impose rigoureusement à ses actionnaires dans les assemblées ordinaires et extraordinaires.

Pourquoi donc employer prudemment cette forme de suffrage dans toutes les Sociétés où il ne s'agit, en fin de compte, que d'intérêts purement matériels et privés, et ne pas adopter cette même forme prudente pour les élections, où *la grande Société* qui s'appelle *la Nation*, est intéressée tout entière, non-seulement au point de vue matériel, mais encore au point de vue moral et religieux, qui sont d'un ordre beaucoup plus élevé?

C'est une anomalie étrange qu'il n'est pas possible de justifier par de bonnes raisons.

Appuyés, Messieurs, sur ces arguments qui nous paraissent incontestables, et désireux de contribuer, dans la limite de nos forces, à rétablir dans notre chère et malheureuse France la confiance que le suffrage universel, tel qu'il est constitué, bannit et bannira de plus en plus de tous les esprits sérieux,

Nous avons l'honneur de soumettre à vos méditations les articles suivants qui, élaborés et mûris sous l'inspiration de votre expérience et de vos lumières, pourraient peut-être trouver place avantageusement dans une *nouvelle loi électorale*, si désirable aujourd'hui pour la sécurité des intérêts, la reprise des affaires, et même pour notre considération politique devant l'Europe.

Agréez, Messieurs les Députés, l'assurance de nos hommages les plus respectueux.

F. D. M.

31 janvier 1874.

CONDITIONS DU VOTE

Art. Ier. — Tout Français âgé de 21 ans (*a*), pouvant justifier de 2 ans de résidence (*b*) et non frappé d'incapacité légale, est *électeur*, a droit à *une voix* (*c*).

(*a*) 21 ans au lieu de 25, afin de faire le moins d'exclusions possible.

(*b*) 2 ans de résidence, temps moralement nécessaire à l'électeur pour qu'il puisse connaître les besoins et les ressources de sa commune, de son arrondissement et de son département.

(*c*) Le titre de citoyen est ainsi reconnu et manifesté pour tous *également*. L'article suivant établit les *différences*.

Art. II. — Tout électeur inscrit à l'une quelconque des quatre contributions directes a droit en outre à *autant de voix* qu'il paye de fois *tel chiffre* de contributions, sans toutefois pouvoir excéder *tel nombre* (40 voix par exemple).

En cas de plébiscite, son suffrage est *simple* ou *multiple*, par application des articles Ier et II.

On peut objecter que la quotité des contributions est un signe purement monétaire et ne révèle pas une plus grande capacité électorale.

A cela nous répondons :

1° Qu'il ne paraît pas possible de trouver une base d'appréciation *plus générale, plus solide et mieux contrôlée;*

2° Que l'aisance ou la fortune des électeurs est presque toujours l'indice et le résultat de leur intelligence, de leur esprit d'ordre et de la bonne gestion de leurs affaires personnelles, et par conséquent de leur plus grande aptitude électorale.

Art. III. — La Liste électorale, qui (outre les détails actuels) doit mentionner la *quotité* des contributions afférente à chaque électeur, est revisée *annuellement* par le maire, assisté de 2 conseillers municipaux pris dans l'ordre du tableau, de 2 contribuables *les moins imposés* et de 2 autres contribuables *les plus imposés,* à l'effet d'y introduire, s'il y a lieu, soit des augmentations ou des radiations d'électeurs, soit des modifications dans le chiffre essentiellement variable des contributions.

Art. IV. — Le vote, étant l'accomplissement d'un devoir civique, est *obligatoire* pour tout électeur non dûment dispensé, sous peine de déchéance de *tel* ou *tel* droit civil (*par exemple la privation du droit de servir de témoin dans les actes authentiques*) pendant 6 *mois* pour une première abstention, 2 *ans* pour une seconde, et *à toujours* pour une troisième.

Art. V. — Une *Commission des Dispenses électorales* est instituée dans chaque commune.

Elle se compose de 5 membres tirés au sort parmi tous les électeurs de la commune, si leur nombre n'excède pas 500. Dans le cas contraire, les noms de 250 électeurs *les moins imposés*, et les noms de 250 électeurs *les plus imposés* sont mis dans une urne, et le tirage est effectué parmi ces 500 électeurs.

15 jours avant l'élection, le maire assisté de 3 conseillers municipaux procède au tirage au sort, et en fait connaître le résultat par voie d'affiche, 10 jours au moins avant l'élection. Il indique en même temps le siége de la commission, ainsi que les jours et les heures de ses séances.

Cette commission, renouvelable à chaque élection, reçoit et apprécie les motifs allégués, dresse procès-verbal de ses déterminations, et le transmet, par ampliation, au président du tribunal civil du chef-lieu de préfecture qui, de concert avec ses assesseurs, contrôle les motifs des dispenses accordées ou refusées, et applique, s'il y a lieu, la sanction pénale prévue par l'article IV.

L'électeur condamné a le droit de se pourvoir en appel dans la huitaine qui suit le jugement notifié.

ÉTENDUE ET GRADATION DES DROITS ÉLECTORAUX

Observation. — Le suffrage, pour être bon, doit être exprimé, autant que possible, *avec connaissance de cause.*

Est-il rationnel, en effet, ou plutôt n'est-il pas souverainement irrationnel d'appeler *la masse des électeurs* à élire, par exemple, des députés dont ils connaissent à peine le nom, dont ils ignorent généralement la vie privée, la vie politique antérieure et les opinions actuelles?

Il suit de là que les élections, et surtout les élections politiques, si décisives pour le bonheur ou le malheur de la France, sont l'œuvre exclusive de certains *comités*, nés de l'ambition et de l'intrigue, dont les membres se choisissent eux-mêmes et s'imposent tyranniquement, sans aucun mandat légal, à la grande majorité des électeurs, qui les suit à la manière des personnages de Panurge.

Pour remédier à ce mal social, plus désastreux qu'on ne le pense, nous proposons le système ci-après :

ART. Ier. — *Les Électeurs de chaque commune*

Élisent: 1° LEUR CONSEIL MUNICIPAL;

2° LE COLLÉGE ÉLECTORAL DE LEUR ARRONDISSEMENT, à raison de 2 membres par chaque commune, ou de 2 membres par chaque section de vote, si la commune est divisée en plusieurs sections électorales.

Les Électeurs d'arrondissement

Élisent : 1° LEUR CONSEIL D'ARRONDISSEMENT ;

2° LE COLLÉGE ÉLECTORAL DE LEUR DÉPARTEMENT, à raison de 10 membres par canton.

Les Électeurs de département

Élisent : 1° Leur Conseil général ;

2° Leurs députés a l'Assemblée législative, à raison de 1 député par arrondissement.

L'Assemblée législative

Élit : La seconde Chambre, dont les membres sont pris parmi les notabilités *diplomatiques, judiciaires, militaires, ecclésiastiques, savantes, littéraires, artistiques, industrielles* et *commerciales*, à raison de 3 membres par département.

L'Assemblée législative et la seconde Chambre

Élisent : Le chef de l'État, dont les pouvoirs ont une durée de 4 ans, et qui peut être réélu après chaque période.

Art. II. — Le département de la Seine n'étant pas, comme les autres départements, subdivisé en communes et en cantons, du moins pour la ville de Paris, les électeurs de la ville de Paris élisent :

1° *Leur conseil municipal*, à raison de 3 membres par arrondissement, et ce conseil municipal fait en même temps fonctions de *conseil général* ;

2° *Leurs députés à l'Assemblée législative*, à raison de 1 député par arrondissement.

La ville de Lyon, quant aux élections, est assimilée à la ville de Paris.

Art. III. — Dans le cas où la majorité des deux Chambres serait d'avis de changer la forme du gouvernement, la question, à cause de son importance, ne pourrait être résolue que par *la nation tout entière* au moyen d'un plébiscite.

Art. IV. —Les élections *générales* ont lieu tous les *cinq* ans.

Deuxième observation. — Par ce système, le suffrage va s'élevant graduellement et par délégation successive, et prend pour ainsi dire la forme d'une vaste pyramide qui a pour base les nombreuses *communes*, pour assises les *cantons*, les *arrondissements*, les *départements*, et pour sommet les *deux Chambres* et le *Chef de l'État*.

De plus, ce système obvie aux inconvénients des circonscriptions électorales arbitraires et changeantes, qui n'ont pas toujours été à l'abri de blâmes mérités.

ÉLIGIBILITÉ

Mêmes conditions que dans la loi actuelle, sauf les deux articles suivants :

Art. Ier. — L'âge des députés à l'Assemblée législative ne pourra être inférieur à *trente ans*.

Art. II. — Nul ne pourra se porter candidat à l'Assemblée législative, ni être élu député, que dans l'arrondissement qu'il habite, ou dans celui dans lequel il est représenté par de grands intérêts démontrés par *telle quotité* de contributions.

MODE DE VOTATION

ÉLECTIONS COMMUNALES

Art. Ier. — Dans la huitaine qui précède soit une élection, soit un plébiscite, la mairie délivre à tout électeur qui en fait *personnellement* la demande, une ENVELOPPE ÉLECTORALE préparée à cet effet et d'après le type d'une enveloppe de lettre (petit format).

Cette enveloppe porte extérieurement : 1° Sur une bandelette apte à être détachée, le *numéro d'inscription* de l'électeur sur la liste électorale ; 2° le *nombre de voix* auquel il a droit ; 3° le *cachet de la mairie*.

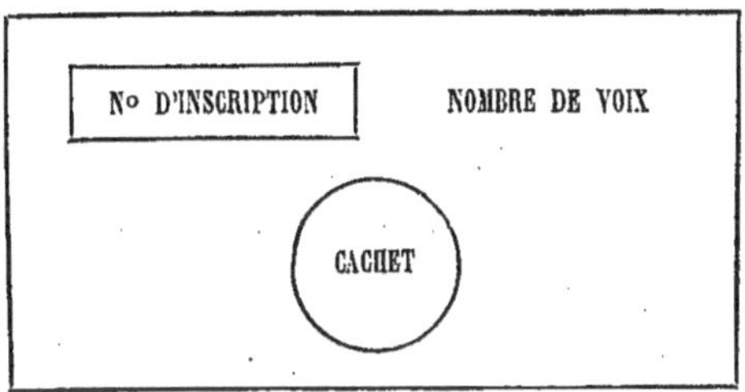

Art. II. — Le jour de l'élection ou du plébiscite, le bureau électoral est composé dans la forme actuelle : du *maire*, président, de *deux conseillers municipaux* et de *deux scrutateurs*, le plus jeune et le plus âgé, pris parmi les électeurs présents à l'ouverture du scrutin.

Art. III. — L'électeur, après avoir inséré son bulletin de vote dans l'*enveloppe électorale* (qu'il doit cacheter en dehors de la salle du scrutin), le présente à un membre du bureau, lequel fait l'appel du *numéro d'inscription* de l'électeur ; un autre membre contrôle sur la liste électorale et proclame *le nombre de voix*, après quoi la bandelette d'inscription est détachée (pour sauvegarder le secret du vote), puis le bulletin est introduit dans l'urne par le président, en présence de l'électeur-votant.

Art. IV. — A la fermeture du scrutin, le bureau constate le nombre des enveloppes contenues dans l'urne. Il est ensuite procédé au dépouillement du scrutin dans la forme légale actuelle. Mais avant de rompre l'enveloppe, le nombre de voix qu'elle porte est de nouveau dénoncé par un des scrutateurs ; puis, le cachet étant rompu, il est attribué à chaque candidat, inscrit au bulletin, le nombre de voix auquel il a droit.

Art. V. — L'opération du dépouillement terminée, les enveloppes sont comptées une seconde fois par le bureau pour contrôle, et incinérées ; le nombre des voix obtenu par chaque candidat est ensuite *totalisé*, puis le bureau dresse et signe le procès-verbal de l'ensemble des opérations pour être transmis immédiatement à l'autorité supérieure.

Les bulletins inconstitutionnels sont nuls, ainsi que ceux portant des expressions étrangères à l'élection.

Les enveloppes trouvées vides sont considérées comme bulletins blancs.

ÉLECTIONS D'ARRONDISSEMENT

Dix jours avant l'élection, la mairie délivre *à chaque électeur d'arrondissement* qui en fait personnellement la demande, une enveloppe électorale portant à l'extérieur : 1° sur une bandelette apte à être détachée, le *numéro d'inscription* de l'électeur sur la LISTE ÉLECTORALE D'ARRONDISSEMENT ; 2° le *nombre de voix* auquel il a droit ; 3° le *cachet de la mairie*.

L'électeur, à son loisir, insère dans cette enveloppe *officielle* le bulletin qui désigne ses candidats AU CONSEIL D'ARRONDISSEMENT et ses candidats AU COLLÈGE ÉLECTORAL DU DÉPARTEMENT.

Cette enveloppe est ensuite cachetée et enfermée dans une enveloppe *ordinaire* de lettre, laquelle est scellée de *cinq* cachets en cire dans la forme des *lettres chargées*.

Cette seconde enveloppe porte extérieurement 1° ces mots, *bulletin électoral;* 2° la *signature* de l'électeur, ses *prénoms* et son *domicile*, et elle est ainsi adressée au Juge de paix du chef-lieu d'arrondissement, par la voie de la poste, qui en délivre récépissé *gratis* sur coupon détaché d'un *registre spécial à souches*.

Elle doit parvenir la veille du dépouillement du scrutin, au plus tard, entre les mains de ce magistrat, qui enregistre les bulletins de vote au fur et mesure qu'ils se présentent, et qui en demeure responsable jusqu'au moment du dépouillement.

Au jour fixé pour cette opération, une Commission composée du Sous-préfet, président, du Juge de paix, de 4 Conseillers municipaux du chef-lieu d'arrondissement, et du Greffier de la justice de paix, établit, en séance publique, l'identité du nombre des *bulletins présentés* avec celui des *émargements* inscrits sur le *registre spécial* de la poste du chef-lieu d'arrondissement, ouvre la première enveloppe, détache la bandelette d'inscription après avoir contrôlé sur la liste électorale si le nombre de voix est conforme ; puis, les enveloppes officielles, ayant été mêlées avec grand soin (pour sauvegarder le secret du vote), sont rompues, une à une, après dénonciation des voix qu'elles portent, et il est ensuite attribué à chaque candidat, inscrit au bulletin, le nombre de suffrages auquel il a droit.

L'opération du dépouillement terminée, la commission procède comme il est dit en l'article V des Élections Communales.

ÉLECTIONS DE DÉPARTEMENT

Même manière de procéder que pour les élections d'arrondissement, sauf les points suivants :

1° L'enveloppe officielle porte le numéro d'inscription de l'électeur sur *la liste électorale de département*, et le bulletin y inclus désigne les candidats au *conseil général* et les candidats à l'*Assemblée législative*.

2° Elle est adressée, avec les formalités susdites, au Juge de paix *du chef-lieu de préfecture*.

3° La commission de dépouillement se compose : du Préfet, président, du Juge de paix, de quatre Conseillers municipaux du chef-lieu de préfecture, et du greffier de la justice de paix.

4° La confrontation des bulletins présentés et des émargements se fait au moyen du registre spécial de la poste DU CHEF-LIEU DE PRÉFECTURE.

Clichy. — Impr. Paul Dupont, rue du Bac-d'Asnières, 12. (162, 1-4.)

www.ingramcontent.com/pod-product-compliance
Lightning Source LLC
LaVergne TN
LVHW010413240826
846091LV00020B/3650

* 9 7 8 2 0 1 6 1 2 4 1 2 3 *